Financez votre entreprise avec une levée de fonds obligataire !

Rémi LE DIGOL

Ecrit à Perpignan, en France, le 10/02/2023.

Mise à jour :

- Le 08/05/2023, une mise à jour importante a été apportée à ce livre. Les informations contenues dans cette nouvelle version ont été recueillies et compilées depuis la date de rédaction originale, qui était le 10/02/2023. Les mises à jour futures seront clairement identifiées et signalées pour que vous puissiez suivre l'évolution de ce livre.

Table des matières

À propos de l'auteur 6

Avant de commencer 11

Introduction 13

    L'importance du financement pour la croissance de votre entreprise 13

    A qui s'adresse ce livre ? 14

    Comment utiliser ce livre et l'adoption un style d'écriture accessible 15

Chapitre 1 : Les bases du financement d'entreprise - une approche simple 17

    1.1 Les différentes formes de financement expliquées simplement 17

    1.2 Les étapes clés pour financer une entreprise : une approche guidée 19

    1.3 Les facteurs à considérer lors du choix d'une source de financement, avec des exemples concrets 21

Chapitre 2 : Comprendre les levées de fonds obligataires - un guide complet 25

    2.1 Qu'est-ce qu'une levée de fonds obligataire et pourquoi est-elle importante pour les entreprises ? 25

    2.2 Les avantages et les inconvénients des levées de fonds obligataires par rapport aux autres formes de financement . 26

    2.3 Les parties prenantes impliquées dans une levée de fonds obligataire 28

    2.4 Les étapes clés pour réussir une levée de fonds obligataire 30

    3.1 Évaluer les besoins financiers et la viabilité de l'entreprise 33

3.2 Sélectionner les partenaires appropriés 34

3.3 Préparer la documentation et les informations financières 35

Chapitre 4 : Obtenir une notation de crédit et structurer votre émission d'obligations 38

4.1 Les agences de notation et leur rôle dans les levées de fonds obligataires 38

4.2 Comment obtenir une notation de crédit pour votre émission d'obligations 39

4.3 Structurer votre émission d'obligations 40

Chapitre 5 : Commercialiser et vendre vos obligations 43

5.1 Trouver votre public cible 43

5.2 Utiliser des intermédiaires financiers 43

5.3 Préparer une documentation solide 44

5.4 Adopter une stratégie de marketing adaptée 45

5.5 Réaliser un roadshow efficace 46

5.6 Établir une relation de confiance avec les investisseurs ... 46

5.7 Le pouvoir du storytelling dans la vente d'obligations 47

Chapitre 6 : Gérer les relations avec les investisseurs et les autres parties prenantes après l'émission des obligations 50

6.1 Communiquer régulièrement avec les investisseurs 50

6.2 Gérer les attentes des investisseurs 51

6.3 Respecter les obligations légales et réglementaires 51

6.4 Maintenir une bonne gouvernance d'entreprise 52

Annexe 1 : Glossaire des termes clés liés aux obligations 55

Annexe 2 : Études de cas 58

Étude de cas 1 : Une entreprise technologique en pleine croissance 58

Étude de cas 2 : Une entreprise manufacturière en difficulté 60

Exemple : La réussite d'une levée de fonds obligataire : l'exemple fictif de GreenTech Solutions 63

L'exemple de l'entreprise PetiteBio... 70

Annexe 3 Technique point légal important : 77

Annexe 4 : Sources et exemples français 82

Annexe 5 Bonus - Le financement participatif (crowdfunding) en tant qu'alternative 89

FAQ : Foire aux questions 96

À propos de l'auteur

Je m'appelle Rémi LE DIGOL et je suis un jeune entrepreneur de 33 ans, agent immobilier depuis 8 ans et marchand de biens immobilier depuis 5 ans.

En 2022, puis en 2023 j'ai eu la chance de pouvoir **lever plusieurs centaines de milliers d'euros** en **fonds obligataires** !

Je suis issu d'une reconversion, ayant commencé ma carrière en tant que Gendarme Mobile. Cependant, ma passion pour l'immobilier m'a poussé à explorer de nouvelles opportunités et j'ai finalement trouvé mon chemin dans l'industrie immobilière. Aujourd'hui, je dirige six entreprises immobilières dont un groupe immobilier de 10 agences dans le département des Pyrénées-Orientales (66). Je suis également formateur en Transaction et en Communication pour nos jeunes BTS Professions Immobilières. A présent, je commence à constater les fruits de mes efforts.

Ce livre est une occasion pour moi de partager les informations pratiques à mes lecteurs et de leur transmettre les enseignements que j'ai acquis.

En rendant plus clair, **ce mécanisme puissant, qu'est la levée de fonds obligataires**, mon objectif est de fournir aux lecteurs des informations précieuses et concrètes qui les aideront à réaliser leurs propres rêves entrepreneuriaux.

Ce livre, j'en rêvais depuis longtemps, avec lui, je vais pouvoir rendre une partie de ce que j'ai reçu.

La levée de fonds obligataire est une opportunité pour les entreprises de se financer sans diluer leur capital. Découvrez comment le faire avec succès dans ce guide complet.

Lorsqu'une entreprise cherche à lever des fonds pour financer ses activités, elle peut le faire en vendant une partie de son capital à des investisseurs, ce qui dilue la participation des actionnaires existants. Cependant, il est possible pour une entreprise de lever des fonds sans avoir à diluer son capital en utilisant d'autres moyens de financement tels que l'emprunt obligataire ou la dette bancaire. Cela permet à l'entreprise de maintenir la même participation pour ses actionnaires actuels tout en obtenant les fonds nécessaires pour ses opérations.

Ce livre est une présentation de ma propre expérience et vision en matière de levée de fonds obligataire, il ne doit pas être considéré comme un cours ni comme une source de conseils juridiques et financiers. Il est important de faire ses propres recherches et de consulter des professionnels compétents avant de prendre toute décision en matière de financement d'entreprise.

Avant de commencer...

Avant de commencer notre exploration approfondie des levées de fonds obligataires, il est essentiel de comprendre qu'il existe deux types distincts de levées de fonds obligataires : celles régies par l'Autorité des marchés financiers (AMF) et celles qui ne le sont pas. Les levées de fonds obligataires soumises à l'AMF concernent généralement des montants plus importants et sont soumises à des régulations et des contrôles plus stricts. Par exemple, la société TechInnov, une entreprise spécialisée dans les technologies émergentes, a réussi à lever 10 millions d'euros grâce à une émission d'obligations réglementée par l'AMF.

En revanche, les levées de fonds obligataires plus petites, qui n'impliquent pas l'AMF, sont soumises à d'autres contraintes, notamment l'interdiction de recourir à la publicité pour attirer des investisseurs. Un exemple de ce type de levée de fonds est celui de la société BioSustain, une start-up spécialisée dans le développement de solutions durables pour l'agriculture. BioSustain a réussi à lever 400 000 euros sans passer par l'AMF, en sollicitant directement son réseau d'investisseurs et en respectant les règles imposées pour les levées de fonds de moindre envergure.

Dans ce livre, nous aborderons les deux types de levées de fonds obligataires et vous fournirons des conseils pratiques pour naviguer dans chacune de ces situations.

Introduction

L'importance du financement pour la croissance de votre entreprise

Dans le monde des affaires d'aujourd'hui, le financement est un élément clé pour le succès et la croissance d'une entreprise. Que vous soyez un entrepreneur en herbe avec une idée innovante ou un chef d'entreprise chevronné cherchant à développer et à étendre votre activité, le financement est essentiel pour transformer vos projets en réalité. Pourtant, naviguer dans l'univers du financement peut être intimidant, en particulier pour ceux qui ne sont pas familiers avec les concepts financiers complexes et les différentes options disponibles. C'est pourquoi ce livre a été conçu pour vous guider à travers le processus de levée de fonds obligataire, une option de financement souvent méconnue mais potentiellement très avantageuse pour votre entreprise.

A qui s'adresse ce livre ?

Ce livre s'adresse à toute personne impliquée ou intéressée par le financement d'une entreprise, qu'il s'agisse d'entrepreneurs, de dirigeants d'entreprise, d'investisseurs, de conseillers financiers ou simplement de personnes curieuses d'en apprendre davantage sur les levées de fonds obligataires. Aucune connaissance préalable en finance n'est requise, car ce livre est conçu pour expliquer les concepts de manière simple et accessible. Que vous soyez un débutant complet ou que vous ayez une certaine expérience dans le domaine du financement, ce livre vous fournira des informations précieuses et des conseils pratiques pour financer votre entreprise avec une levée de fonds obligataire.

Comment utiliser ce livre et l'adoption un style d'écriture accessible

Dans ce livre, nous avons adopté un style d'écriture clair, concis et accessible pour rendre les concepts financiers compréhensibles pour tous les lecteurs. Nous utilisons des métaphores et des exemples concrets pour illustrer les concepts clés et les rendre plus faciles à comprendre. De plus, nous adoptons un ton engageant pour maintenir l'intérêt du lecteur tout au long du livre, en incluant des anecdotes et des histoires réelles ou fictives pour renforcer les points clés que nous souhaitons transmettre.

Pour tirer le meilleur parti de ce livre, nous vous recommandons de le lire dans l'ordre présenté, car chaque chapitre s'appuie sur les concepts introduits dans les chapitres précédents. Toutefois, si vous êtes déjà familiarisé avec certains aspects du financement d'entreprise ou des levées de fonds obligataires, n'hésitez pas à vous rendre directement aux chapitres qui vous intéressent le plus. En outre, n'hésitez pas à revenir sur certains passages ou chapitres si vous avez besoin de clarifier votre compréhension ou si vous souhaitez approfondir certains aspects.

En suivant les conseils et les stratégies présentés dans ce livre, vous serez mieux préparé pour financer votre entreprise avec une levée de fonds obligataire et surmonter les défis qui peuvent se présenter lors de ce processus. Alors, sans plus attendre, commençons notre voyage dans le monde passionnant des levées de fonds obligataires !

Source : Banque mondiale. (2021). Économie mondiale : Perspectives 2021. Récupéré de https://www.banquemondiale.org/

Chapitre 1 : Les bases du financement d'entreprise- une approche simple

1.1 Les différentes formes de financement expliquées simplement

Avant de plonger dans le monde des levées de fonds obligataires, il est important de comprendre les différentes formes de financement disponibles pour les entreprises. Voici un aperçu des principales options de financement que vous pourriez envisager :

a) Fonds propres : Le financement par fonds propres implique de vendre des actions de votre entreprise à des investisseurs en échange de capitaux. Les investisseurs, tels que les actionnaires, détiennent alors une partie de votre entreprise et partagent les bénéfices et les pertes.

b) Dette : Le financement par la dette consiste à emprunter de l'argent auprès d'un prêteur, comme une banque, que vous devrez rembourser avec des intérêts. Contrairement au financement par fonds propres, les prêteurs n'acquièrent pas de participation dans votre entreprise et vous restez le propriétaire à part entière.

c) Levée de fonds obligataire : Il s'agit d'une forme spécifique de financement par la dette, dans laquelle une entreprise émet des obligations pour lever des capitaux. Les investisseurs achètent ces obligations et perçoivent des intérêts périodiques sur leur investissement. À l'échéance des obligations, l'entreprise doit rembourser le principal aux investisseurs.

1.2 Les étapes clés pour financer une entreprise : une approche guidée

Le processus de financement d'une entreprise peut varier en fonction de l'option choisie, mais voici quelques étapes clés généralement impliquées dans le processus :

a) Évaluer les besoins financiers : Avant de chercher à lever des fonds, il est essentiel d'évaluer vos besoins financiers en termes de montant et de structure du financement. Cela vous aidera à déterminer la meilleure option de financement pour votre entreprise.

b) Préparer votre entreprise : Assurez-vous que votre entreprise est prête pour le financement en mettant en place des systèmes de comptabilité solides, en élaborant un plan d'affaires convaincant et en améliorant votre crédibilité auprès des investisseurs.

c) Choisir la meilleure option de financement : En fonction de vos besoins et de votre situation, choisissez l'option de financement la mieux adaptée à votre entreprise, qu'il s'agisse de fonds propres, de dette ou de levée de fonds obligataire.

d) Structurer et négocier le financement : Une fois que vous avez choisi votre option de financement, travaillez avec des experts pour structurer et négocier les termes du financement. Cela peut inclure la fixation du prix, des modalités et de la documentation juridique.

e) Lever les fonds : Réalisez votre levée de fonds en vendant des actions, en contractant un emprunt ou en émettant des obligations, selon l'option de financement choisie.

1.3 Les facteurs à considérer lors du choix d'une source de financement, avec des exemples concrets

Plusieurs facteurs peuvent influencer votre choix de financement, tels que :

a) Le coût du capital : Le coût du capital est le montant que vous devez payer pour obtenir des fonds, qu'il s'agisse d'intérêts sur les emprunts ou de dividendes pour les actionnaires. Différentes options de financement ont des coûts de capital différents, il est donc important de comparer ces coûts pour déterminer la meilleure option pour votre entreprise.

b) Le contrôle de l'entreprise : Le financement par fonds propres peut entraîner une dilution de votre contrôle sur l'entreprise, car vous devez partager les décisions avec les nouveaux actionnaires. Le financement par la dette et les levées de fonds obligataires permettent généralement de conserver un contrôle total sur l'entreprise, car les prêteurs et les investisseurs obligataires n'ont pas de droits de vote.

c) La flexibilité financière : Certaines formes de financement offrent plus de flexibilité que d'autres en termes de remboursement et de structuration. Par exemple, les obligations peuvent être structurées avec des échéances et des taux d'intérêt adaptés à vos besoins, tandis que les prêts bancaires ont souvent des conditions plus strictes.

d) L'impact sur la crédibilité de l'entreprise : Le choix de votre source de financement peut influencer la perception des investisseurs, des clients et des partenaires commerciaux envers votre entreprise. Par exemple, une levée de fonds obligataire réussie peut améliorer la crédibilité de votre entreprise sur le marché et faciliter l'accès à d'autres sources de financement à l'avenir.

e) Les exigences réglementaires et juridiques : Certaines options de financement, comme les levées de fonds obligataires, sont soumises à des exigences réglementaires et juridiques plus strictes que d'autres. Il est donc important de prendre en compte ces contraintes lors du choix de votre source de financement.

En prenant en compte ces facteurs, vous serez en mesure de choisir l'option de financement la mieux adaptée à votre entreprise et à vos besoins spécifiques. Dans les chapitres suivants, nous nous concentrerons sur les levées de fonds obligataires et explorerons en détail les avantages, les inconvénients et les étapes clés pour réussir une levée de fonds obligataire.

Exemple : Apple Inc. a réalisé une levée de fonds obligataire en 2020 pour un montant de 8,5 milliards de dollars. Source : Reuters. (2020). Apple vend pour 8,5 milliards de dollars d'obligations. Récupéré de <https://www.reuters.com/>

Chapitre 2 : Comprendre les levées de fonds obligataires- un guide complet

2.1 Qu'est-ce qu'une levée de fonds obligataire et pourquoi est-elle importante pour les entreprises ?

Une levée de fonds obligataire est un processus par lequel une entreprise émet des obligations pour lever des capitaux. Les obligations sont des instruments de dette qui obligent l'émetteur (l'entreprise) à verser des intérêts périodiques aux détenteurs d'obligations (les investisseurs) et à rembourser le principal à l'échéance. Les levées de fonds obligataires offrent aux entreprises une alternative aux autres options de financement, comme les prêts bancaires et le financement par fonds propres, et peuvent présenter plusieurs avantages pour les entreprises, tels que des taux d'intérêt plus bas, une plus grande flexibilité financière et un impact positif sur la crédibilité de l'entreprise.

2.2 Les avantages et les inconvénients des levées de fonds obligataires par rapport aux autres formes de financement

Avantages des levées de fonds obligataires :

a) Coûts de financement potentiellement plus bas : Les obligations peuvent offrir des taux d'intérêt plus bas que les prêts bancaires, en particulier pour les entreprises bien établies et les entreprises ayant une bonne notation de crédit.

b) Flexibilité financière : Les obligations peuvent être structurées de manière flexible, avec des échéances, des taux d'intérêt et des conditions de remboursement adaptés aux besoins de l'entreprise.

c) Conservation du contrôle de l'entreprise : Contrairement au financement par fonds propres, les levées de fonds obligataires n'entraînent pas de dilution du contrôle de l'entreprise, car les investisseurs obligataires n'ont pas de droits de vote.

d) Amélioration de la crédibilité de l'entreprise : Une levée de fonds obligataire réussie peut renforcer la réputation et la crédibilité de l'entreprise sur le marché, ce qui peut faciliter l'accès à d'autres sources de financement à l'avenir.

Inconvénients des levées de fonds obligataires :

a) Exigences réglementaires et juridiques : Les levées de fonds obligataires sont soumises à des exigences réglementaires et juridiques plus strictes que d'autres formes de financement, ce qui peut augmenter la complexité et les coûts du processus.

b) Risque de taux d'intérêt : Les entreprises qui émettent des obligations à taux variable sont exposées au risque de taux d'intérêt, ce qui signifie que leurs coûts de financement peuvent augmenter si les taux d'intérêt du marché augmentent.

2.3 Les parties prenantes impliquées dans une levée de fonds obligataire

Plusieurs parties prenantes sont impliquées dans le processus de levée de fonds obligataire, notamment :

a) Les investisseurs : Ce sont les détenteurs d'obligations qui fournissent les capitaux en échange d'intérêts périodiques et du remboursement du principal à l'échéance.

b) Les avocats : Ils sont chargés de rédiger et de négocier la documentation juridique et de veiller au respect des réglementations applicables.

c) Les banques d'investissement : Elles jouent un rôle central en aidant l'entreprise à structurer l'émission d'obligations, à déterminer le prix et les conditions des obligations, et à commercialiser les obligations auprès des investisseurs.

d) Les agences de notation : Elles évaluent la qualité de crédit de l'entreprise et attribuent une notation de crédit aux obligations, ce qui peut influencer le taux d'intérêt et la demande des investisseurs.

e) Les conseillers financiers : Ils fournissent des conseils stratégiques et financiers à l'entreprise tout au long du processus de levée de fonds obligataire.

2.4 Les étapes clés pour réussir une levée de fonds obligataire

a) Évaluer les besoins financiers et la viabilité de l'entreprise : Avant d'entreprendre une levée de fonds obligataire, évaluez les besoins financiers de votre entreprise et déterminez si une levée de fonds obligataire est la meilleure option pour répondre à ces besoins.

b) Sélectionner les partenaires appropriés : Choisissez des partenaires de confiance, tels que des banques d'investissement, des avocats et des conseillers financiers, qui ont une expérience solide dans les levées de fonds obligataires et qui comprennent votre secteur d'activité.

c) Préparer la documentation et les informations financières : Travaillez avec vos partenaires pour préparer la documentation juridique, les états financiers et les informations sur l'entreprise qui seront nécessaires pour l'émission d'obligations.

d) Obtenir une notation de crédit : Contactez une agence de notation pour obtenir une notation de crédit pour votre émission d'obligations, ce qui peut influencer le taux d'intérêt et la demande des investisseurs.

e) Commercialiser et vendre les obligations : Travaillez avec votre banque d'investissement pour commercialiser et vendre les obligations auprès des investisseurs, en veillant à communiquer clairement les avantages et les risques associés à votre émission d'obligations.

f) Gérer les relations avec les investisseurs et les autres parties prenantes : Après l'émission d'obligations, assurez-vous de maintenir une communication ouverte et transparente avec les investisseurs et les autres parties prenantes pour établir une relation de confiance et faciliter les futurs financements.

Dans les chapitres suivants, nous explorerons en détail les différentes étapes du processus de levée de fonds obligataire, en fournissant des conseils pratiques, des stratégies et des études de cas pour vous aider à réussir votre levée de fonds obligataire.

Source : Bloomberg. (2021). Les avantages et les inconvénients des obligations pour les entreprises. Récupéré de https://www.bloomberg.com/

Chapitre 3 : Préparer votre entreprise pour une levée de fonds obligataire

3.1 Évaluer les besoins financiers et la viabilité de l'entreprise

a) Analyser les besoins financiers à court et à long terme : Identifiez les besoins financiers actuels et futurs de votre entreprise, tels que les investissements en capital, le financement du fonds de roulement ou le refinancement de la dette existante.

b) Évaluer la capacité de remboursement de l'entreprise : Assurez-vous que votre entreprise génère des flux de trésorerie suffisants pour couvrir les paiements d'intérêts et le remboursement du principal des obligations.

c) Comparer les différentes options de financement : Examinez les avantages et les inconvénients des levées de fonds obligataires par rapport aux autres options de financement, comme les prêts bancaires et le financement par fonds propres, en tenant compte des coûts, des risques et des implications pour le contrôle de l'entreprise.

3.2 Sélectionner les partenaires appropriés

a) Choisir une banque d'investissement : Recherchez des banques d'investissement ayant une expérience solide dans les levées de fonds obligataires et une compréhension approfondie de votre secteur d'activité.

b) Engager des avocats spécialisés : Faites appel à des avocats ayant une expertise en matière de levées de fonds obligataires et de réglementation financière pour vous aider à naviguer dans le processus juridique et réglementaire.

c) Consulter des conseillers financiers : Engagez des conseillers financiers pour obtenir des conseils stratégiques et financiers sur la structuration, le calendrier et la communication de votre levée de fonds obligataire.

3.3 Préparer la documentation et les informations financières

a) Rédiger la documentation juridique : Travaillez avec vos avocats pour rédiger et négocier la documentation juridique nécessaire pour l'émission d'obligations, y compris le prospectus, les contrats d'achat et les accords de garantie.

b) Préparer les états financiers et les informations sur l'entreprise : Assurez-vous que vos états financiers sont à jour, exacts et conformes aux normes comptables applicables. Fournissez également des informations sur l'entreprise, telles que l'historique, les produits et services, la stratégie commerciale et les risques associés.

c) Créer un plan de communication : Élaborez un plan de communication pour informer et convaincre les investisseurs, les médias et les autres parties prenantes de la valeur et du potentiel de votre entreprise et de votre levée de fonds obligataire.

Dans le prochain chapitre, nous explorerons les étapes clés pour obtenir une notation de crédit et structurer votre émission d'obligations afin d'optimiser les conditions et les coûts de financement pour votre entreprise.

Exemple : En 2019, la société française Orange a émis une obligation verte d'un montant de 500 millions d'euros pour financer des projets liés à l'énergie propre et à la réduction des émissions de gaz à effet de serre. Source : Orange. (2019). Orange émet une obligation verte de 500 millions d'euros. Récupéré de <https://www.orange.com/>

Chapitre 4 : Obtenir une notation de crédit et structurer votre émission d'obligations

4.1 Les agences de notation et leur rôle dans les levées de fonds obligataires

a) Qu'est-ce qu'une agence de notation ? Les agences de notation sont des organisations indépendantes qui évaluent la qualité de crédit des entreprises et des émissions d'obligations. Elles attribuent des notations de crédit en fonction de facteurs tels que la solvabilité, la capacité de remboursement et les risques financiers associés à l'entreprise et à l'émission d'obligations.

b) Pourquoi les notations de crédit sont-elles importantes ? Les notations de crédit influencent la perception des investisseurs et des autres parties prenantes sur la qualité de crédit de votre entreprise et de votre émission d'obligations. Une notation de crédit élevée peut vous aider à obtenir des conditions de financement plus favorables, tandis qu'une notation de crédit faible peut augmenter le coût de votre financement.

4.2 Comment obtenir une notation de crédit pour votre émission d'obligations

a) Sélectionner une agence de notation : Choisissez une agence de notation reconnue et respectée dans le secteur financier, comme Standard & Poor's, Moody's ou Fitch Ratings.

b) Fournir des informations financières et sur l'entreprise : Soumettez des états financiers détaillés et des informations sur l'entreprise à l'agence de notation. Veillez à inclure des informations sur les risques financiers et opérationnels, ainsi que sur la stratégie commerciale et les perspectives de l'entreprise.

c) Collaborer avec l'agence de notation : Travaillez étroitement avec l'agence de notation tout au long du processus d'évaluation pour répondre à leurs questions et fournir des informations supplémentaires si nécessaire.

d) Communiquer la notation de crédit : Une fois que vous avez reçu votre notation de crédit, assurez-vous de la communiquer aux investisseurs, aux médias et aux autres parties prenantes pour renforcer la confiance dans votre émission d'obligations.

4.3 Structurer votre émission d'obligations

a) Déterminer le montant et la maturité : Évaluez vos besoins financiers et décidez du montant total des obligations que vous souhaitez émettre. Choisissez également la maturité des obligations en fonction de votre capacité de remboursement et des conditions du marché.

b) Choisir le type d'obligations : Selon vos besoins et la situation de votre entreprise, vous pouvez choisir entre différentes structures d'obligations, telles que les obligations à taux fixe, les obligations à taux variable, les obligations convertibles ou les obligations assorties de warrants.

c) Fixer le prix et les conditions : Travaillez avec votre banque d'investissement pour déterminer le prix et les conditions des obligations, en tenant compte de la notation de crédit, des conditions du marché et des préférences des investisseurs.

Dans le chapitre suivant, nous aborderons les étapes clés pour commercialiser et vendre vos obligations, ainsi que les meilleures pratiques pour gérer les relations avec les investisseurs et les autres parties prenantes après l'émission des obligations.

Source : Autorité des marchés financiers (AMF). (2021). Guide sur les obligations. Récupéré de https://www.amf-france.org/

Chapitre 5 : Commercialiser et vendre vos obligations

5.1 Trouver votre public cible

Le succès de votre levée de fonds obligataire dépend de votre capacité à toucher les investisseurs intéressés par vos obligations. La première étape consiste à définir clairement le public cible de votre émission d'obligations. Les investisseurs peuvent être des institutions financières, des fonds de pension, des compagnies d'assurance, des fonds d'investissement, des investisseurs particuliers, ou même des clients et des fournisseurs.

5.2 Utiliser des intermédiaires financiers

Faire appel à des intermédiaires financiers tels que les banques d'investissement, les courtiers ou les conseillers en placement peut être un atout précieux pour commercialiser et vendre vos obligations. Ces professionnels ont des relations établies avec de nombreux investisseurs et peuvent vous aider à présenter votre émission d'obligations de manière attrayante et convaincante.

5.3 Préparer une documentation solide

Une documentation solide et détaillée est essentielle pour convaincre les investisseurs de la qualité de votre émission d'obligations. Il est important de fournir un prospectus clair et précis qui présente des informations sur votre entreprise, son secteur d'activité, ses perspectives de croissance, ses états financiers et ses plans d'utilisation des fonds levés.

5.4 Adopter une stratégie de marketing adaptée

Mettre en place une stratégie de marketing adaptée à votre public cible est crucial pour la vente de vos obligations. Cette stratégie peut inclure des présentations lors de conférences et d'événements du secteur, la publication d'articles et de rapports spécialisés, ainsi que des rencontres personnalisées avec des investisseurs potentiels.

Pour illustrer ce point, prenons l'exemple fictif de GreenTech, une entreprise spécialisée dans les technologies propres. GreenTech a décidé de lever des fonds grâce à une émission d'obligations. L'entreprise s'est associée à une banque d'investissement qui les a aidés à structurer l'émission, à préparer le prospectus et à organiser des réunions avec des investisseurs potentiels lors de conférences sur les énergies renouvelables.

5.5 Réaliser un roadshow efficace

Un roadshow est un événement essentiel pour attirer des investisseurs potentiels et leur présenter votre émission d'obligations. Pendant le roadshow, les dirigeants de votre entreprise doivent présenter les forces et les opportunités de l'entreprise, ainsi que les conditions et les avantages de l'émission d'obligations. Préparez-vous à répondre aux questions des investisseurs et à les convaincre de la valeur de votre offre.

5.6 Établir une relation de confiance avec les investisseurs

La confiance est un élément clé dans la réussite de la vente de vos obligations.

Soyez transparent sur vos objectifs, vos performances passées et vos perspectives d'avenir. Montrez aux investisseurs que vous êtes engagé à utiliser les fonds levés de manière responsable et à rembourser vos obligations en temps voulu.

En appliquant ces conseils et en adoptant une approche engageante, vous pouvez commercialiser et vendre vos obligations de manière efficace et captivante pour vos investisseurs potentiels.

5.7 Le pouvoir du storytelling dans la vente d'obligations

Le storytelling est un outil puissant pour communiquer l'histoire de votre entreprise, ses objectifs et sa vision à vos investisseurs potentiels. Une narration captivante peut aider à humaniser votre entreprise et à créer un lien émotionnel avec vos investisseurs, ce qui peut les inciter à soutenir votre émission d'obligations.

Pour utiliser le storytelling dans la commercialisation de vos obligations, intégrez des anecdotes, des succès passés, des défis surmontés et des ambitions futures dans vos présentations et vos documents marketing. Racontez l'histoire de votre entreprise d'une manière qui démontre la passion, la persévérance et l'innovation de votre équipe et de votre secteur d'activité.

Prenons l'exemple fictif d'une entreprise appelée EcoBike, qui fabrique des vélos électriques. Lors de la présentation de leur émission d'obligations, les dirigeants d'EcoBike ont raconté l'histoire de la manière dont l'entreprise a été fondée par un groupe d'amis cyclistes qui voulaient créer des vélos plus écologiques et plus accessibles pour tous. Ils ont partagé des histoires sur les défis techniques qu'ils ont surmontés et les partenariats qu'ils ont noués avec des organisations locales pour promouvoir les transports durables. Ces histoires ont aidé les investisseurs à comprendre les valeurs d'EcoBike et à se sentir personnellement investis dans le succès de l'entreprise.

En conclusion, la commercialisation et la vente de vos obligations nécessitent une approche structurée et engageante pour toucher efficacement votre public cible. En adoptant une stratégie de marketing adaptée, en utilisant des intermédiaires financiers, en préparant une documentation solide et en recourant au pouvoir du storytelling, vous pouvez attirer des investisseurs et maximiser les chances de réussite de votre levée de fonds obligataire.

Chapitre 6 : Gérer les relations avec les investisseurs et les autres parties prenantes après l'émission des obligations

6.1 Communiquer régulièrement avec les investisseurs

a) Fournir des mises à jour financières : Tenez les investisseurs informés de la performance financière de votre entreprise en publiant régulièrement des états financiers et des rapports d'activité.

b) Organiser des conférences téléphoniques et des réunions : Offrez aux investisseurs la possibilité de poser des questions et de discuter des résultats financiers et des perspectives de l'entreprise lors de conférences téléphoniques et de réunions.

6.2 Gérer les attentes des investisseurs

a) Établir des prévisions réalistes : Lorsque vous communiquez avec les investisseurs, veillez à établir des prévisions réalistes pour éviter de créer de fausses attentes.

b) Répondre rapidement aux préoccupations des investisseurs : Si les investisseurs ont des préoccupations ou des questions, répondez-y rapidement et de manière transparente pour maintenir la confiance et la crédibilité.

6.3 Respecter les obligations légales et réglementaires

a) Se conformer aux exigences réglementaires : Assurez-vous que votre entreprise respecte toutes les obligations légales et réglementaires liées à l'émission d'obligations. Cela peut inclure la divulgation d'informations financières, la conformité aux normes comptables et la communication avec les organismes de réglementation.

b) Travailler avec des conseillers juridiques et financiers : Engagez des experts juridiques et financiers pour vous aider à naviguer dans le paysage réglementaire et à respecter les obligations légales et réglementaires liées à votre émission d'obligations.

6.4 Maintenir une bonne gouvernance d'entreprise

a) Mettre en place des mécanismes de surveillance : Assurez-vous que votre entreprise dispose de mécanismes de surveillance adéquats pour surveiller les risques financiers et opérationnels et garantir une bonne gouvernance d'entreprise.

b) Engager un dialogue constructif avec les actionnaires et les autres parties prenantes : Encouragez la communication ouverte et transparente entre votre entreprise, les actionnaires et les autres parties prenantes pour renforcer la confiance et promouvoir une culture d'intégrité et de responsabilité.

Conclusion

Lever des fonds par le biais d'une émission d'obligations peut être une stratégie de financement efficace pour votre entreprise. Tout au long de ce livre, nous avons expliqué les étapes clés pour réussir une levée de fonds obligataire, depuis la préparation initiale jusqu'à la gestion des relations avec les investisseurs après l'émission des obligations.

En suivant les conseils et les stratégies présentés dans ce livre, vous serez en mesure de planifier et d'exécuter une levée de fonds obligataire qui répond aux besoins de votre entreprise et attire les investisseurs. Nous espérons que ce livre vous aidera à naviguer avec succès dans le monde complexe des levées de fonds obligataires et à financer votre entreprise pour soutenir sa croissance et son succès futurs.

Annexe 1 : Glossaire des termes clés liés aux obligations

Afin de faciliter la compréhension des concepts présentés dans ce livre, nous avons rassemblé un glossaire des termes clés liés aux obligations et aux levées de fonds obligataires. Nous espérons que ce glossaire vous sera utile pour clarifier les concepts financiers complexes abordés tout au long de ce livre.

1. Obligation : Un instrument financier qui représente un prêt à long terme accordé par un investisseur à une entreprise ou à une entité gouvernementale. L'émetteur de l'obligation promet de payer périodiquement des intérêts (appelés coupons) et de rembourser le principal à l'échéance de l'obligation.

2. Coupon : Les intérêts périodiques payés par l'émetteur de l'obligation à l'investisseur. Le coupon est généralement exprimé en pourcentage du montant principal de l'obligation.

3. Maturité : La durée de vie d'une obligation, c'est-à-dire le moment où l'émetteur doit rembourser le montant principal aux investisseurs.

4. Notation de crédit : Une évaluation de la solvabilité de l'émetteur d'une obligation, attribuée par une agence de notation de crédit. Les notations de crédit donnent aux investisseurs une indication du risque de crédit associé à une obligation.

5. Banque d'investissement : Une institution financière qui aide les entreprises à lever des fonds sur les marchés financiers, notamment

en structurant et en commercialisant des émissions d'obligations.

6. Distribution publique : Une méthode de vente d'obligations qui implique de les proposer à un large éventail d'investisseurs, généralement par le biais d'un processus de souscription dirigé par une ou plusieurs banques d'investissement.

7. Distribution privée : Une méthode de vente d'obligations qui implique de les proposer à un nombre limité d'investisseurs qualifiés, souvent par le biais de placements privés.

8. Covenants : Les clauses contractuelles incluses dans les documents d'émission d'une obligation, qui définissent les obligations et les restrictions imposées à l'émetteur de l'obligation.

Annexe 2 : Études de cas

Pour illustrer les concepts abordés dans ce livre et montrer comment différentes entreprises ont réussi à lever des fonds grâce à des émissions d'obligations, nous avons inclus plusieurs études de cas réelles ou fictives. Ces études de cas fournissent un aperçu des défis et des opportunités rencontrés par les entreprises lors de leurs levées de fonds obligataires et montrent comment elles ont surmonté ces obstacles pour atteindre leurs objectifs de financement.

Étude de cas 1 : Une entreprise technologique en pleine croissance

Contexte : Une start-up technologique en pleine croissance souhaite lever des fonds pour financer l'expansion de ses opérations et la mise en œuvre de nouveaux projets.

L'entreprise a déjà levé des fonds par le biais d'investisseurs en capital-risque et souhaite désormais émettre des obligations pour diversifier ses sources de financement.

Défis : La start-up doit convaincre les investisseurs de sa capacité à générer des revenus et à rembourser ses obligations à l'échéance, malgré son historique de pertes et l'absence de garanties. De plus, l'entreprise doit naviguer dans le paysage réglementaire et se conformer aux exigences de divulgation financière.

Stratégie : L'entreprise travaille avec une banque d'investissement pour structurer l'émission d'obligations et mener une campagne de marketing auprès des investisseurs. L'entreprise met en avant son potentiel de croissance, ses partenariats stratégiques et ses avancées technologiques pour convaincre les investisseurs de son potentiel. De plus, l'entreprise se conforme aux exigences réglementaires et met en place une gouvernance d'entreprise solide pour renforcer la confiance des investisseurs.

Résultats : La start-up réussit à lever les fonds nécessaires grâce à son émission d'obligations et parvient à diversifier ses sources de financement. Les fonds levés permettent à l'entreprise de financer son expansion et de poursuivre son développement.

Étude de cas 2 : Une entreprise manufacturière en difficulté

Contexte : Une entreprise manufacturière confrontée à des difficultés financières souhaite lever des fonds pour restructurer sa dette et investir dans des projets de modernisation. L'entreprise a déjà une dette importante et doit convaincre les investisseurs de sa capacité à se redresser et à générer des flux de trésorerie suffisants pour rembourser ses obligations.

Défis : L'entreprise doit surmonter sa mauvaise réputation et sa situation financière précaire pour attirer les investisseurs. Elle doit également proposer des conditions attrayantes pour compenser le risque élevé associé à son émission d'obligations.

Stratégie : L'entreprise élabore un plan de redressement détaillé, qui comprend des mesures de réduction des coûts, des investissements ciblés et une stratégie de croissance à long terme. L'entreprise engage également des conseillers financiers pour structurer l'émission d'obligations et négocier des conditions favorables avec les investisseurs.

Pour attirer les investisseurs, l'entreprise propose un coupon plus élevé que les obligations comparables sur le marché, ainsi que des garanties et des covenants solides pour protéger les intérêts des investisseurs. L'entreprise met en avant son plan de redressement, ses atouts sous-jacents et son potentiel de croissance future pour convaincre les investisseurs de soutenir son émission d'obligations.

Résultats : Grâce à une stratégie de communication transparente et à des conditions attrayantes, l'entreprise parvient à lever les fonds nécessaires pour restructurer sa dette et investir dans des projets de modernisation. Les fonds levés contribuent à stabiliser la situation financière de l'entreprise et à soutenir sa stratégie de redressement.

Exemple : La réussite d'une levée de fonds obligataire : l'exemple fictif de GreenTech Solutions

Introduction

Dans un contexte économique incertain, de nombreuses entreprises cherchent à diversifier leurs sources de financement pour soutenir leur croissance. Les levées de fonds obligataires sont devenues une option de plus en plus prisée pour mobiliser des capitaux. Dans cet article, nous vous présentons l'exemple fictif d'une société, GreenTech Solutions, qui a réussi à lever un emprunt obligataire. Nous explorerons les dialogues entre les dirigeants, les fournisseurs et les clients pour comprendre les étapes clés de ce processus.

GreenTech Solutions : une entreprise innovante en quête de financement

GreenTech Solutions est une jeune entreprise spécialisée dans le développement de technologies vertes et durables. Ses dirigeants, Laura et Marc, ont décidé d'explorer la possibilité de lever des fonds par le biais d'un emprunt obligataire. Ils commencent par discuter de leurs besoins en financement et de leurs objectifs.

Laura : "Notre objectif est de lever 10 millions d'euros pour financer notre nouvelle usine de production et élargir notre gamme de produits."

Marc : "Je pense que la levée de fonds obligataire est une excellente idée. Cela nous permettra de diversifier nos sources de financement et d'éviter de diluer notre capital."

Structurer l'emprunt obligataire

Laura et Marc rencontrent leur banque d'investissement pour discuter de la structure de l'emprunt obligataire. Leur conseiller, Sophie, les guide à travers les différentes étapes.

Sophie : "Pour structurer votre emprunt obligataire, nous devons d'abord déterminer la maturité et le taux d'intérêt. Ensuite, nous devons préparer un prospectus et obtenir l'approbation des régulateurs."

Laura : "Nous aimerions que la maturité soit de 7 ans, avec un taux d'intérêt annuel de 4,5%."

Sophie : "Cela semble raisonnable. Je vais préparer le prospectus et le soumettre à l'Autorité des marchés financiers pour approbation."

Discussions avec les fournisseurs et les clients

Laura et Marc rencontrent leurs principaux fournisseurs et clients pour les informer de la levée de fonds obligataire et recueillir leurs réactions.

Fournisseur : "C'est une excellente nouvelle ! Cela signifie que vous aurez plus de ressources pour investir dans la production, ce qui nous permettra de renforcer notre partenariat."

Client : "Nous sommes ravis d'apprendre que vous allez élargir votre gamme de produits. Nous sommes toujours à la recherche de solutions durables et innovantes pour notre entreprise."

La réussite de la levée de fonds obligataire

Après plusieurs semaines de préparation et de discussions avec les parties prenantes, GreenTech Solutions réussit à lever 10 millions d'euros grâce à son emprunt obligataire. Les dirigeants, les fournisseurs et les clients sont satisfaits des résultats et optimistes quant à l'avenir de l'entreprise.

Conclusion

L'exemple fictif de GreenTech Solutions démontre comment une levée de fonds obligataire peut être une solution efficace pour mobiliser des capitaux et soutenir la croissance d'une entreprise. En structurant l'emprunt obligataire de manière adéquate et en impliquant toutes les parties prenantes, une entreprise peut accéder à des fonds supplémentaires et réaliser ses objectifs stratégiques.

Dans le cas de GreenTech Solutions, Laura et Marc ont suivi les étapes clés pour réussir leur levée de fonds obligataire : évaluer leurs besoins en financement, déterminer la maturité et le taux d'intérêt, préparer un prospectus, obtenir l'approbation des régulateurs et communiquer avec les fournisseurs et les clients.

Le dialogue entre les dirigeants, les fournisseurs et les clients a été essentiel pour assurer la réussite de l'opération. Leur soutien et leur compréhension ont contribué à renforcer la confiance dans l'entreprise et à attirer des investisseurs.

En fin de compte, l'emprunt obligataire a permis à GreenTech Solutions d'atteindre ses objectifs financiers et de poursuivre sa mission de développement de technologies vertes et durables. Cette histoire fictive illustre les bénéfices potentiels d'une levée de fonds obligataire bien menée pour les entreprises en quête de financement.

L'exemple de l'entreprise PetiteBio

PetiteBio est une jeune entreprise spécialisée dans la production et la distribution de produits biologiques locaux. Ses fondateurs, Emma et Pierre, souhaitent lever 400 000 € pour étendre leurs activités et ouvrir de nouveaux points de vente. Étant donné le montant relativement modeste de la levée de fonds, ils décident de ne pas passer par l'Autorité des marchés financiers (AMF) et de se concentrer sur leur réseau personnel et professionnel pour lever les fonds nécessaires.

Étape 1 : Évaluer les besoins en financement

Emma et Pierre commencent par évaluer précisément leurs besoins en financement pour déterminer le montant exact de 400 000 €. Ils estiment les coûts associés à l'ouverture de nouveaux points de vente, à l'achat de matériel et à l'embauche de personnel supplémentaire.

Étape 2 : Préparer un dossier solide

Malgré l'absence de recours à l'AMF, Emma et Pierre savent qu'il est essentiel de préparer un dossier solide pour convaincre les investisseurs potentiels. Ils rassemblent les documents financiers de leur entreprise, les prévisions de croissance et les plans d'expansion, ainsi que des informations sur les produits et les partenariats locaux.

Étape 3 : Solliciter leur réseau

Emma et Pierre présentent leur projet de levée de fonds obligataire à leur réseau personnel et professionnel. Ils contactent des investisseurs potentiels, tels que des amis, des membres de la famille, des partenaires commerciaux et des clients fidèles. Ils organisent également des réunions pour expliquer leur projet et répondre aux questions des investisseurs intéressés.

Étape 4 : Communiquer avec les fournisseurs et les clients

Les fondateurs de PetiteBio s'assurent de tenir leurs fournisseurs et clients informés de la levée de fonds et de ses objectifs. Ils expliquent comment l'expansion de l'entreprise aura un impact positif sur la chaîne d'approvisionnement et comment cela leur permettra de proposer une gamme de produits biologiques encore plus large et de meilleure qualité.

Dialogue entre les dirigeants, fournisseurs et clients :

Emma : "Nous avons pour projet de lever des fonds pour ouvrir de nouveaux points de vente et ainsi rendre nos produits biologiques plus accessibles à nos clients. Nous pensons que cela renforcera notre collaboration avec nos fournisseurs et créera des opportunités pour tous."

Fournisseur : "C'est une excellente nouvelle ! Cela signifie-t-il que vous passerez des commandes plus importantes à l'avenir ?"

Pierre : "Exactement, cela nous permettra d'augmenter notre volume d'achat et de vous garantir un chiffre d'affaires plus important."

Client : "J'apprécie vraiment vos produits, et je suis heureux d'apprendre que vous allez vous développer. Comment puis-je participer à votre levée de fonds ?"

Emma : "Merci pour votre intérêt ! Vous pouvez participer en souscrivant à nos obligations. Nous vous enverrons toutes les informations nécessaires pour vous aider à prendre une décision éclairée."

En suivant ces étapes et en impliquant toutes les parties prenantes, Emma et Pierre réussissent à lever les 400 000 € nécessaires pour financer l'expansion de PetiteBio. Les investisseurs, satisfaits de la transparence et de la communication des fondateurs, souscrivent aux obligations proposées par l'entreprise, et PetiteBio peut ainsi atteindre son objectif.

Étape 5 : Rembourser les investisseurs

Une fois les fonds levés, Emma et Pierre se concentrent sur l'utilisation efficace des ressources pour développer leur entreprise. Ils mettent en place un plan de remboursement pour honorer leurs engagements envers les investisseurs qui ont souscrit aux obligations. Ils s'assurent de respecter les échéances et les taux d'intérêt convenus, en maintenant une communication régulière avec les investisseurs pour les tenir informés des progrès réalisés.

Étape 6 : Évaluer les résultats

Après l'expansion de l'entreprise et l'ouverture de nouveaux points de vente, Emma et Pierre évaluent les résultats obtenus grâce à la levée de fonds. Ils mesurent l'impact de l'expansion sur les ventes, la notoriété de la marque et la satisfaction des clients et fournisseurs. Ils utilisent ces informations pour améliorer leur stratégie commerciale et continuer à renforcer leurs partenariats.

En conclusion, l'exemple de PetiteBio montre qu'une entreprise de petite taille peut réussir à lever des fonds obligataires sans passer par l'AMF, en misant sur la qualité de leur projet et la force de leur réseau. La communication transparente et l'implication de toutes les parties prenantes sont essentielles pour gagner la confiance des investisseurs et mener à bien ce type de levée de fonds.

Annexe 3 Technique point légal important :
L'importance de la réglementation et des restrictions en matière de publicité pour les émissions d'obligations non validées par l'autorité des marchés financiers

Lorsqu'une entreprise cherche à lever des fonds par le biais d'une émission d'obligations, elle doit se conformer à la réglementation en vigueur et obtenir l'approbation de l'autorité des marchés financiers (AMF) dans la juridiction concernée. Si l'émission d'obligations n'est pas validée par l'AMF, l'entreprise doit être prudente quant à la manière dont elle sollicite des investisseurs et éviter de recourir à la publicité.

1. Pourquoi la réglementation est-elle importante ?

La réglementation vise à protéger les investisseurs en s'assurant que les entreprises qui émettent des obligations sont transparentes, responsables et solvables. Les autorités de régulation, telles que l'AMF, examinent les documents relatifs à l'émission d'obligations pour s'assurer qu'ils contiennent des informations précises et complètes sur l'entreprise et les risques associés à l'investissement. Si l'émission d'obligations n'est pas validée par l'AMF, cela peut indiquer que l'entreprise n'a pas satisfait à ces exigences.

2. Les restrictions en matière de publicité

Si l'émission d'obligations n'est pas validée par l'AMF, l'entreprise doit être prudente quant à la manière dont elle sollicite des investisseurs. Elle ne doit pas recourir à la publicité pour promouvoir son émission d'obligations, car cela pourrait être considéré comme une tentative de contourner les exigences réglementaires. À la place, l'entreprise doit se fier à son réseau personnel et professionnel pour trouver des investisseurs.

3. Lever des fonds par le biais de son réseau

Bien que les options soient plus limitées sans l'approbation de l'AMF, il est toujours possible pour une entreprise de lever des fonds par le biais de son réseau. L'entrepreneur peut s'appuyer sur ses relations avec des partenaires commerciaux, des clients, des fournisseurs, des amis et des membres de la famille pour solliciter des investissements. Il est important de noter que ces investisseurs doivent être bien informés des risques associés à l'investissement et de la situation financière de l'entreprise.

4. Considérations juridiques et fiscales

Lorsqu'une entreprise lève des fonds sans l'approbation de l'AMF, elle doit être consciente des implications juridiques et fiscales. Les investisseurs qui prêtent de l'argent à une entreprise dans ce contexte peuvent être considérés comme des créanciers privés, ce qui peut avoir des conséquences sur la manière dont les intérêts et les gains en capital sont imposés. Il est essentiel de consulter un conseiller juridique et fiscal pour s'assurer que l'émission d'obligations est conforme à la législation en vigueur et pour éviter tout problème potentiel avec les autorités fiscales.

En conclusion, si l'émission d'obligations n'est pas validée par l'AMF, l'entreprise doit faire preuve de prudence dans sa recherche d'investisseurs et éviter de recourir à la publicité. En se concentrant sur son réseau personnel et professionnel, l'entreprise peut toujours lever des fonds, mais elle doit être consciente des implications juridiques et fiscales et s'assurer de respecter la réglementation en vigueur. La consultation d'un conseiller juridique et fiscal est essentielle pour naviguer dans ce processus complexe et garantir la conformité aux lois et réglementations applicables. Ainsi, les entrepreneurs pourront tirer parti de cette option de financement, tout en protégeant leurs investisseurs et en assurant la viabilité à long terme de leur entreprise.

Source : AMF. (2021). Guide sur les levées de fonds sans validation. Récupéré de https://www.amf-france.org/

Annexe 4 : Sources et exemples français

A. Sources gouvernementales et sûres :

1. Autorité des Marchés Financiers (AMF) - L'AMF est le régulateur français des marchés financiers, responsable de la supervision des opérations de marché et de la protection des investisseurs. Vous pouvez trouver des informations détaillées sur les règles et régulations applicables aux émissions d'obligations en France sur leur site web : https://www.amf-france.org/

2. Banque de France - La Banque de France fournit des informations sur l'économie française, les marchés financiers et la politique monétaire. Consultez leur site web pour obtenir des données et des rapports sur les marchés financiers en France : https://www.banque-france.fr/

3. Ministère de l'Économie, des Finances et de la Relance - Le ministère français de l'Économie offre des ressources sur la politique économique et financière, y compris des informations sur les régulations et les initiatives concernant les entreprises et les marchés financiers : https://www.economie.gouv.fr/

4. Euronext - Euronext est la principale bourse européenne, qui gère notamment les marchés d'actions et d'obligations en France. Consultez leur site web pour en savoir plus sur la cotation et la négociation des obligations en France : https://www.euronext.com/fr

B. Exemples médiatisés d'émissions d'obligations en France :

1. Orange - En 2020, l'opérateur télécom français Orange a réalisé une émission d'obligations de 500 millions d'euros pour financer des projets liés à la responsabilité sociale et environnementale. Cette émission d'obligations durables a attiré une large attention médiatique en raison de son engagement envers l'environnement et les objectifs de développement durable.

Source : https://www.capital.fr/entreprises-marches/orange-leve-500-millions-deuros-via-une-emission-dobligations-durables-1357277

2. La Française des Jeux (FDJ) - En 2020, la FDJ a réalisé une émission d'obligations de 500 millions d'euros pour financer ses activités et optimiser sa structure financière. Cette émission a été médiatisée en raison de sa taille importante et de la popularité de la FDJ auprès du grand public.

Source : https://www.zonebourse.com/cours/action/LA-FRANCAISE-DES-JEUX-67078823/actualite/Francaise-des-Jeux-emission-d-obligations-de-500-millions-d-euros-30986151/

3. SNCF Réseau - En 2019, SNCF Réseau a réalisé une émission d'obligations vertes de 1 milliard d'euros pour financer des projets d'infrastructures ferroviaires durables. Cette émission a été largement couverte par les médias en raison de son engagement en faveur de la transition énergétique et du développement durable.

Source : https://www.usinenouvelle.com/article/la-sncf-leve-un-milliard-d-euros-avec-des-obligations-vertes.N820509

4. Veolia - En 2021, Veolia, une entreprise française de services à l'environnement, a émis des obligations pour un montant de 900 millions d'euros, dont une partie en obligations vertes. Cette émission a été largement couverte par les médias en raison de l'importance de Veolia dans le secteur de l'environnement et de la taille conséquente de l'émission.

Source : https://www.lesechos.fr/finance-marches/marches-financiers/veolia-leve-900-millions-deuros-sur-les-marches-dobligations-1303260

5. Vinci - En 2021, Vinci, un groupe français spécialisé dans la construction, les concessions et les services associés, a réalisé une émission d'obligations de 2,5 milliards d'euros pour financer ses activités et rembourser certaines dettes existantes.

L'émission d'obligations de Vinci a été largement médiatisée en raison de la taille importante de l'émission et du rôle majeur du groupe dans le secteur de la construction en France.

Source : https://investir.lesechos.fr/actions/actualites/vinci-emprunte-2-5-milliards-d-euros-1967574.php

6. Peugeot SA (PSA) - En 2019, Peugeot SA, un constructeur automobile français, a émis des obligations pour un montant de 500 millions d'euros pour financer ses activités et renforcer sa liquidité. L'émission d'obligations de PSA a été médiatisée en raison de l'importance de l'entreprise dans l'industrie automobile française et européenne.

Source : https://www.usinenouvelle.com/article/psa-leve-500-millions-d-euros-pour-renforcer-sa-tresorerie.N892525

Ces exemples concrets d'émissions d'obligations françaises démontrent comment diverses entreprises de différentes tailles et secteurs peuvent utiliser le marché obligataire pour lever des fonds et réaliser leurs objectifs. Ils soulignent également l'importance de la conformité avec les régulations financières françaises et de la transparence envers les investisseurs.

Annexe 5 Bonus- Le financement participatif (crowdfunding) en tant qu'alternative

Si une entreprise ne parvient pas à obtenir l'approbation pour un emprunt obligataire ou souhaite explorer d'autres options de financement, le financement participatif, également connu sous le nom de crowdfunding, est une alternative intéressante. Dans cette annexe, nous examinerons les avantages et les inconvénients du financement participatif et comment il peut être utilisé en complément ou à la place d'une levée de fonds obligataire.

1. Qu'est-ce que le financement participatif ?

Le financement participatif est une méthode de collecte de fonds qui permet aux entreprises, aux artistes et aux innovateurs de lever des capitaux auprès d'un grand nombre de personnes, généralement via des plateformes en ligne. Il existe différents types de financement participatif, notamment :

a. Le financement participatif basé sur les dons : Les contributeurs donnent de l'argent sans attendre de retour sur investissement.

b. Le financement participatif basé sur les récompenses : Les contributeurs reçoivent des produits, des services ou des expériences en échange de leur contribution.

c. Le financement participatif basé sur l'investissement : Les contributeurs reçoivent des actions, des obligations ou des parts de l'entreprise en échange de leur contribution.

2. Avantages du financement participatif

- Accessibilité : Le financement participatif est ouvert à un large éventail d'entrepreneurs, y compris ceux qui n'ont pas accès aux canaux de financement traditionnels.

- Visibilité : Les campagnes de financement participatif peuvent attirer l'attention des médias et du public, ce qui peut aider à promouvoir l'entreprise et ses produits ou services.

- Validation du marché : Les campagnes réussies indiquent un intérêt du marché pour le produit ou le service, ce qui peut faciliter les levées de fonds ultérieures.

- Engagement de la communauté : Les contributeurs deviennent souvent des ambassadeurs de la marque et peuvent aider à promouvoir l'entreprise auprès de leurs réseaux.

3. Inconvénients du financement participatif

- Incertitude : Le succès d'une campagne de financement participatif n'est jamais garanti, et les entrepreneurs doivent investir du temps et des ressources pour promouvoir leur campagne.

- Pression : Les campagnes réussies peuvent entraîner des attentes élevées de la part des contributeurs, ce qui peut mettre une pression supplémentaire sur l'entreprise pour qu'elle livre ses produits ou services en temps voulu.

- Dilution des parts : Si l'entreprise offre des actions ou des parts en échange des contributions, cela peut entraîner une dilution des parts des fondateurs.

4. Comment utiliser le financement participatif en complément ou à la place d'une levée de fonds obligataire

Les entrepreneurs peuvent combiner le financement participatif avec d'autres options de financement, comme les levées de fonds obligataires, pour diversifier leurs sources de financement et minimiser les risques. Par exemple, une entreprise peut lancer une campagne de financement participatif pour valider son produit ou service et générer de l'intérêt, puis procéder à une levée de fonds obligataire pour financer la croissance à plus grande échelle. Alternativement, si une levée de fonds obligataire n'est pas possible ou souhaitée, l'entreprise peut se concentrer exclusivement sur le financement participatif pour collecter les fonds nécessaires.

5. Conseils pour réussir une campagne de financement participatif

- Définir un objectif réaliste : Évaluez attentivement combien d'argent vous avez besoin pour réaliser votre projet et fixez un objectif de financement réalisable.

- Préparer une présentation convaincante : Présentez votre projet de manière claire et engageante, en mettant en avant les avantages pour les contributeurs et en utilisant des visuels attrayants.

- Offrir des récompenses intéressantes : Proposez des incitations attrayantes pour encourager les contributions, en veillant à ce qu'elles soient réalisables et rentables pour votre entreprise.

- Promouvoir activement votre campagne : Utilisez les réseaux sociaux, les médias et les relations publiques pour faire connaître votre campagne et attirer l'attention des contributeurs potentiels.

- Communiquer régulièrement avec les contributeurs : Gardez vos contributeurs informés de l'avancement de votre projet et soyez transparent sur les défis et les réussites rencontrés en cours de route.

En conclusion, le financement participatif est une alternative viable et potentiellement complémentaire aux levées de fonds obligataires. En étudiant attentivement les avantages et les inconvénients de chaque option et en élaborant une stratégie adaptée à votre entreprise, vous pouvez maximiser vos chances de réussir à lever les fonds nécessaires pour financer et développer votre entreprise.

Exemple : La start-up française Devialet a levé 20 millions d'euros en financement participatif en 2016 pour financer le développement de ses enceintes sans fil Phantom. Source : TechCrunch. (2016). Devialet lève 20 millions d'euros en financement participatif. Récupéré de https://techcrunch.com/

Source : Kickstarter. (2021). Guide pour réussir sa campagne de financement participatif. Récupéré de https://www.kickstarter.com/

FAQ : Foire aux questions

Cette section essaye de répondre aux questions les plus courantes que les entrepreneurs et les personnes intéressées pourraient se poser sur ce sujet.

1. Qu'est-ce qu'une levée de fonds obligataire ?

Une levée de fonds obligataire est un moyen pour une entreprise de lever des capitaux en émettant des obligations. Les investisseurs achètent ces obligations, prêtant ainsi de l'argent à l'entreprise. En retour, l'entreprise s'engage à rembourser le principal et à verser des intérêts aux détenteurs d'obligations à des intervalles prédéfinis.

2. Quels sont les avantages d'une levée de fonds obligataire par rapport à d'autres méthodes de financement ?

Parmi les principaux avantages des levées de fonds obligataires, citons la possibilité d'emprunter de l'argent sans diluer la propriété, des taux d'intérêt plus bas que ceux des prêts bancaires (pas toujours) et une plus grande flexibilité dans la structuration des conditions de l'emprunt.

3. Quelles sont les principales différences entre les obligations émises par l'autorité des marchés financiers et celles qui ne le sont pas ?

Les obligations régies par l'autorité des marchés financiers sont soumises à des règles et des régulations plus strictes. Les émetteurs d'obligations doivent divulguer des informations détaillées et se conformer aux exigences en matière de reporting. Les obligations non régies par l'autorité des marchés financiers sont généralement moins coûteuses et plus faciles à émettre, mais ne peuvent pas être commercialisées aussi largement et sont soumises à certaines restrictions, comme l'interdiction de faire de la publicité.

4. Quels types d'entreprises peuvent bénéficier d'une levée de fonds obligataire ?

Tous types d'entreprises, grandes ou petites, peuvent bénéficier d'une levée de fonds obligataire. Cependant, les entreprises avec des antécédents solides de performance financière et des projets d'expansion clairs sont généralement mieux adaptées à cette méthode de financement.

5. Comment déterminer le prix d'une obligation ?

Le prix d'une obligation est généralement basé sur la solvabilité de l'émetteur, la durée de l'obligation, les taux d'intérêt du marché et les conditions économiques générales. Les agences de notation peuvent évaluer la solvabilité de l'émetteur et attribuer une note qui influencera le prix de l'obligation.

6. Comment les entreprises remboursent-elles les investisseurs ?

Les entreprises remboursent les investisseurs en versant des intérêts périodiques sur les obligations et en remboursant le principal à l'échéance. Les entreprises peuvent également rembourser les investisseurs plus tôt que prévu en rachetant les obligations avant leur échéance.

7. Quels sont les risques associés aux levées de fonds obligataires pour les investisseurs ?

Les investisseurs peuvent être exposés à divers risques, tels que le risque de crédit (si l'entreprise ne parvient pas à rembourser ses obligations), le risque de taux d'intérêt (si les taux d'intérêt du marché augmentent, la valeur des obligations peut diminuer), le risque de liquidité (si l'investisseur doit vendre l'obligation avant son échéance et ne trouve pas de marché pour le faire) et le risque de marché (si les conditions économiques ou politiques influencent la valeur des obligations).

8. Comment une entreprise peut-elle préparer une levée de fonds obligataire ?

Pour se préparer à une levée de fonds obligataire, une entreprise doit élaborer un plan d'affaires solide, détailler l'utilisation prévue des fonds, effectuer des analyses financières et préparer des projections financières, évaluer sa solvabilité et consulter des experts en finance pour déterminer la structure et les conditions optimales de l'émission d'obligations.

9. Quel est le rôle des intermédiaires financiers dans une levée de fonds obligataire ?

Les intermédiaires financiers, tels que les banques d'investissement, les courtiers et les conseillers en placement, jouent un rôle clé dans le processus de levée de fonds obligataire. Ils peuvent aider les entreprises à structurer leur émission d'obligations, à évaluer les conditions du marché, à obtenir une notation de crédit et à commercialiser les obligations auprès d'investisseurs potentiels.

10. Comment choisir la bonne structure d'obligations pour mon entreprise ?

La structure d'obligations la plus appropriée pour une entreprise dépend de nombreux facteurs, tels que la taille de l'entreprise, la durée de l'emprunt, la solvabilité de l'entreprise et les conditions du marché. Il est essentiel de consulter des experts en finance et de mener des recherches approfondies pour déterminer la structure d'obligations la mieux adaptée à la situation unique de votre entreprise.

11. Est-il possible de contracter un emprunt obligataire pour un seul investisseur ?

D'un point de vue juridique, cela semble être une question complexe, mais d'après les conseils que j'ai reçus de mes experts (expert-comptable, avocats, etc.), il semblerait que la réponse soit positive.

Merci d'avoir consulté cette FAQ en cas de questions ou pour approfondir votre recherche je vous invite à consulter des ouvrages spécialisés et des articles sur les levées de fonds obligataires.

Nous espérons que ce livre vous aura été utile et que vous l'aurez trouvé à la fois informatif et captivant. Que vous soyez un entrepreneur à la recherche de fonds pour votre entreprise ou simplement curieux d'en apprendre davantage sur les obligations et les marchés financiers, nous vous souhaitons beaucoup de succès dans vos projets futurs.

Printed by Amazon Italia Logistica S.r.l.
Torrazza Piemonte (TO), Italy